LA NOBLESSE

DE LA

SÉNÉCHAUSSÉE D'AUCH

AUX ASSEMBLÉES PRÉPARATOIRES DE 1789

PAR

ÉMILE DELLAS

RECEVEUR DES DOMAINES

AUCH

IMPRIMERIE LÉONCE COCHARAUX

RUE DE LORRAINE

—

1894

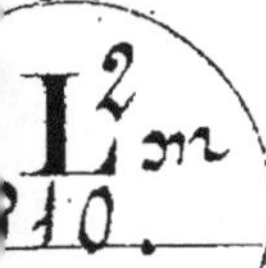

LA NOBLESSE

DE LA

SÉNÉCHAUSSÉE D'AUCH

AUX ASSEMBLÉES PRÉPARATOIRES DE 1789

PAR

ÉMILE DELLAS

RECEVEUR DES DOMAINES

AUCH

IMPRIMERIE LÉONCE COCHARAUX

RUE DE LORRAINE

—

1894

LA NOBLESSE

DE LA

SÉNÉCHAUSSÉE D'AUCH

AUX ASSEMBLÉES PRÉPARATOIRES DE 1789.

M. Bladé, membre correspondant de l'Institut, indiquait jadis l'intérêt qui s'attacherait à la publication des catalogues officiels de la noblesse de nos contrées (1), et, en même temps, M. Léonce Couture, l'éminent directeur de la *Revue de Gascogne*, recommandait de signaler les procès-verbaux et les cahiers, manuscrits ou imprimés, de toutes les sénéchaussées comprises dans l'Intendance d'Auch. Ce sont, en effet, des documents de premier ordre qu'il est important de faire connaître.

L'appel de nos savants compatriotes a été entendu. Pour la sénéchaussée d'Armagnac, toutes les pièces qui se rattachent aux Assemblées des trois ordres et les cahiers des doléances ont été réunis et publiés, soit par M. de Bastard d'Estang (2), soit dans le *Recueil des Archives parlementaires*,

(1) *Revue de Gascogne*, t. III, 1862, p. 347.
(2) De Bastard d'Estang, *La noblesse d'Armagnac en 1789*, Paris, Dentu, 1862.

de 1787 à 1860, de MM. Mavidal et Laurent ; mais pour la sénéchaussée d'Auch les documents faisaient jusqu'ici défaut. Aux termes du règlement du 24 janvier 1789 (1) sur la convocation des États généraux, chacun des trois ordres devait tenir sa réunion électorale au chef-lieu de sa sénéchaussée ; c'était du reste la procédure qu'on avait suivie déjà lors des États généraux de 1614. A cette époque, Auch faisant partie de la sénéchaussée d'Armagnac avait dû envoyer ses représentants à Lectoure. Mais, depuis, la sénéchaussée d'Auch, ayant été formée du démembrement de celle d'Armagnac, fut comprise à la suite de celle-ci parmi les bailliages ayant acquis la députation directe depuis 1614 ; les trois états du ressort d'Auch furent donc convoqués dans cette ville.

« Une première difficulté s'éleva alors entre le marquis
« d'Angos et M. Seissan de Marignan, lieutenant général
« et juge-mage de la sénéchaussée d'Auch. En vertu d'une
« ordonnance du grand sénéchal, la réunion des trois ordres
« devait avoir lieu à Lectoure, le 16 mars 1789, et à Auch,
« le 20 du même mois. La présidence des deux assemblées
« appartenait au grand sénéchal lui-même ; mais M. de
« Marignan ne l'entendait pas ainsi, car, en l'absence du
« gouverneur, la présidence de la réunion lui revenait de
« plein droit. Il rendit donc une décision qui convoquait
« les trois ordres à Auch, le même jour qu'à Lectoure.
« Toutefois cette décision ne tint pas devant l'avis contraire
« du directeur général des finances et du Ministre de la
« Maison du Roi, et l'irritable magistrat fut obligé de
« céder (2) ». Le marquis d'Angosse avait désigné l'église des Cordeliers d'Auch pour tenir l'Assemblée générale (3). C'est là qu'elle s'ouvrit en effet le 20 mars 1789.

---

(1) *Lettre du Roi pour la convocation des États généraux à Versailles*, Paris, 1789, Imprimerie royale.

(2) J.-F. Bladé, *Revue de Gascogne*, t. III, 1862, p. 352.

(3) *Ordonnance de M. le grand-sénéchal d'Auch ;* placard ; à Auch, chez J.-P. Duprat, imprimeur du Roi, 1789.

Le clergé avait la droite, l'ordre de la noblesse occupait la gauche, et le tiers état était placé en face.

Les séances se continuèrent du 20 au 31 mars 1789, et furent très mouvementées. Les orateurs montaient dans la chaire; les plus écoutés étaient le comte de Sérignac, le comte de Fezensac, le marquis de Franclieu, pour la noblesse; de Guiraudez de Saint-Mézard, pour le clergé; et l'avocat Dumoulin, pour le tiers.

Si on eût voté par ordre, le marquis de Franclieu avait des chances d'être élu; le comte de Fezensac avait beaucoup d'amis dans le tiers, mais les trois ordres finirent par nommer pour leur député aux États généraux le baron de Luppé-Taybosc.

Nous laisserons maintenant le clergé et le tiers état, dont les travaux ont été déjà étudiés (1), pour ne plus nous occuper que de la noblesse.

On ne possède aux Archives nationales qu'un extrait du procès-verbal de la première séance, dans laquelle avaient comparu tous les membres des trois ordres de la sénéchaussée d'Auch. L'original a disparu et n'a pu être retrouvé ni dans les Archives du département ni dans celles de la commune d'Auch, ainsi que l'explique une lettre de M. de Gauville, préfet du Gers, du 27 décembre 1861, adressée au vicomte de Bastard d'Estang. Ce dernier ne put donc donner le catalogue officiel des gentilshommes de la sénéchaussée d'Auch (2).

On ne saurait trop regretter la disparition de ce document historique. La sénéchaussée d'Auch avait, en effet, un ressort étendu : elle comprenait « la ville d'Auch et sa juri-« diction, les quatre vallées d'Aure, Magnoac, Neste et « Barousse, la comté de Pardiac, les comtés de Fezensac et

---

(1) *Annuaire du Gers*, année 1868, Amédée Tarbouriech : *Le Clergé et le Tiers État de la sénéchaussée d'Auch, en 1789.*

(2) *Catalogue des gentilshommes qui ont pris part aux Assemblées de la noblesse, pour l'élection des députés aux États généraux*, Paris, 1862, in-8°, Dentu et Aubry.

« de Fezensaguet, qui dépendaient autrefois de Lectoure (1);

« — ensemble les deux vallées de l'Arboust et d'Oleron,

« Fittes-Affittes, la comté d'Astarac et lieux abbatiaux, la

« ville de Mirande et sa perche, la comté de Gaure et le

« temporel du sieur archevêque de la ville d'Auch (2). »

Mais si les dépôts publics (Archives nationales et départementales) ne peuvent nous fournir aucun renseignement sur cette intéressante question, il n'en est pas de même des archives privées. C'est ainsi que nous avons pu trouver, dans les papiers de la famille d'Arcamont, les *noms des gentilshommes de la sénéchaussée d'Auch, présents à l'Assemblée des États du 20 mars 1789.*

Nous publions cette liste, qui présente tous les caractères voulus d'authenticité; elle est écrite, en effet, de la main du marquis d'Arcamont, qui faisait partie de l'Assemblée. Il y avait cent soixante et un membres présents, qui étaient eux-mêmes porteurs de quatre-vingt-sept procurations.

La noblesse, après avoir élu son député, résuma les différents points qui devaient être présentés à la discussion des États généraux. Ce *cahier des doléances* de la noblesse d'Auch, réunie en *Assemblée préparatoire*, a été imprimé sans date ni nom d'imprimeur, et forme une plaquette in-12, de 10 pages (3). Il a servi de base aux *cahiers de la noblesse des sénéchaussées d'Auch et de Lectoure*, publiés par M. de Bastard d'Estang, et dans lesquels les réformes demandées reçurent leur formule définitive. Il est donc intéressant d'en reproduire les principales dispositions; elles étonneraient par leur hardiesse, si l'on ne savait que presque partout les gentilshommes furent les promoteurs du mouvement de 1789.

Dans cette réunion, on avait pris le canevas proposé par

<hr>

(1) P. Tierny : *Lectoure, siège de la sénéchaussée d'Armagnac*, L. Cocharaux, 1893.

(2) Édit du Roy, donné à Saint-Germain en Laye, au mois de janvier de l'an de grâce 1639.

(3) *Incipit :* Plusieurs des membres de la sénéchaussée d'Auch s'étant rassemblés pour conférer, etc.; — *desinit :* Afin de recevoir l'approbation ou le blâme de sa conduite....

la noblesse de Guyenne, dont on avait adopté les articles, avec quelques additions ou extensions; les quinze articles de ce cahier de doléances furent votés, en enjoignant aux députés de faire statuer dans l'Assemblée des États « préala- « blement à toute autre délibération, et surtout (fait à noter) « avant de voter l'impôt. » C'était donc pour les députés un mandat impératif.

En ce qui concerne les privilèges de la noblesse, on demande le vote par ordre et non par tête; en outre, la noblesse composant le corps des officiers de l'armée, un règlement devra mettre les individus de ce corps à l'abri de l'arbitraire comme les autres citoyens; ils ne pourront être privés, sans un jugement, de leurs charges et états. C'est, on le voit, la propriété du grade réclamée.

Les autres réformes pourraient aussi bien émaner du clergé ou du tiers état : liberté individuelle et abolition des lettres de cachet (§§ 1 et 12), périodicité des états (§ 4), leur droit absolu en matière d'impôts (§§ 3 et 5), libertés provinciales (§§ 7 et 9) et communales (§ 8), responsabilité ministérielle (§ 10), liberté *indéfinie* de la presse (§ 11), liberté du commerce, « excepté celui des blés, confié à la « sagesse de l'Administration de la Province » (§ 14), suppres- sion des douanes intérieures et établissement d'un impôt direct exclusif de tout autre (p. 8, §§ 6 et 7).

Si les vœux ici formulés avaient reçu une réalisation immédiate, nous serions en droit de nous demander quel progrès on a fait depuis cent ans. La noblesse de la séné- chaussée d'Auch avait donc, en 1789, compris la nécessité des réformes à accomplir, et elle imposait à ses députés l'obligation de les réclamer.

GENTILSHOMMES DE LA SÉNÉCHAUSSÉE D'AUCH

A L'ASSEMBLÉE DES ÉTATS DU 20 MARS 1789.

Noms de MM. les gentilshommes qui sont présents à l'Assemblée des États, commencée le 20 mars 1789 et qui finit le 31 dudit mois, après que chacun des gentilshommes ou nobles ayant la noblesse transmissible ont apposé leurs signatures aux procès-verbaux de ladite Assemblée.

1. — M. le marquis d'Angosse, sénéchal d'Auch et de Lectoure, maréchal de camp ; président (1).

> Paul, marquis d'Angosse de Corbères, sénéchal depuis le 7 juillet 1762.

2. — M. le marquis de Noé, maréchal de camp, président de l'Assemblée de ladite noblesse en l'absence de M. le sénéchal.

> Jacques-Roger, marquis de Noé, baron d'Isle-de-Noé, colonel du régiment d'Orléans, sénéchal et gouverneur des Quatre-Vallées.

3. — M. Dumaine, maréchal de camp.

> Joseph-François Dumaine, seigneur de Saint-Lanne en Roquebrune, lieutenant-colonel au régiment de Vivarais, chevalier de Saint-Louis, décédé à Vic, le 10 messidor an IX, avait épousé Catherine de Vassignac-d'Imécourt.

4. — M. le marquis du Bouzet, capitaine de vaisseau, seigneur de Corné, chevalier de Saint-Louis.

> Charles-Maurice-Denis, né le 30 janvier 1738, avait épousé en 1767 Marie-Louise de Percin de Lilanges.

(1) Les renseignements qui suivent les noms des gentilshommes portés dans cette liste, nous ont été fournis par M. l'abbé de Carsalade du Pont.

5. — M. le comte de PARDEILLAN, seigneur de Gignan.

> Joseph de Pardaillan-Gondrin avait épousé, le 9 janvier 1769, Anne de Ferragut, dame de Gignan.

6. — M. le marquis d'ORBESSAN, ancien président du Parlement de Toulouse.

> Anne-Marie d'Aignan, seigneur, marquis d'Orbessan, Ornézan, Pouyloubrin, homme de lettres, a laissé plusieurs volumes de mélanges littéraires et archéologiques.

7. — M. le comte de COMENGE, seigneur de Saint-Araille.

> Marie-Joseph, chevalier de Saint-Louis, lieutenant-colonel de dragons, lieutenant des maréchaux de France, au département d'Auch et d'Armagnac.

8. — M. le comte de BÉON, lieutenant des gardes du corps, commandeur de Saint-Lazare.

> François-Frédéric de Béon, seigneur, comte de La Palu, Armentieu, Troncens, Belloc, etc.

9. — M. le comte de FAUDOAS, colonel en second de Picardie.

> Henri-Bernard, seigneur du Busca, de Daunian, Luppé, Campagne, Ayzieu, émigra et décéda à la Basse-Terre (Guadeloupe), en 1804.

10. — M. le vicomte de LUPPÉ, seigneur de Besmaux.

> Louis-Guillaume de Luppé-Garrané, capitaine au régiment de Royal-Picardie, chevalier de Saint-Louis, de Malte et de Saint-Lazare.

11. — M. le marquis de MAULÉON, lieutenant des gardes du corps.

> Joseph, marquis de Mauléon, seigneur de Sérempuy et de Lassalle, chevalier de Saint-Louis.

12. — M. le comte de FEZENSAC, colonel de Lyonnais.

> Philippe-André-François, comte de Montesquiou-Fezensac, seigneur de Marsan, Crastes, né le 30 novembre 1753, de Marc-Antoine comte de Montesquiou de Marsan et de Marie-Catherine de Narbonne.

13. — M. le comte de CARDEILLAC.

> Bernard, comte de Cardaillac-Lomné, seigneur de Montagnac, près Cologne, baron des États du Nébouzan, ancien capitaine au régiment du Roi, chevalier de Saint-Louis.

*

14. — M. le baron de Luppé, seigneur de Taybosc.

Jean-Phinée-Suzanne, émigra en Allemagne, mourut à Fleurance, retraité colonel de cavalerie et chevalier de Saint-Louis.

15. — M. de Mellet, seigneur de Bonas.

Antoine, avait épousé Françoise d'Auxion de Vivent, dame de Bonas.

16. — M. le marquis d'Arcamont, seigneur dudit lieu.

Jean-François-Joseph-Claude du Chic.

17. — M. le comte de Lussan, seigneur de Castelnau-d'Anglès.

Jean-François de Gémit, comte de Luscan, émigra en Espagne en 1792. La Nation confisqua et vendit son château de Castelnau-d'Anglès.

18. — M. le comte de Gélas.

François, lieutenant-colonel d'infanterie, chevalier de Saint-Louis.

19. — M. le comte de Bezolles, seigneur dudit lieu.

Raphaël, comte de Bezolles, avait épousé, vers 1772, Marie de Ferrabouc, fille du seigneur de Camarade.

20. — M. le chevalier de Serignac, seigneur de Saint-Jean-Poutge.

Charles, émigra, mourut à l'hôpital des pauvres, le 12 novembre 1793, à Saint-Sauveur d'Arles.

21. — M. le baron de Lamothe d'Isoch, seigneur de Marambat.

Gabriel-Joseph de La Mothe d'Isault avait épousé, en 1749, Félicie de Lambes, dame de Marambat.

22. — M. de Caupene-Pujos.

Vital de Caupène de Cabaneris, seigneur de Pujos et de Barbazan.

23. — M. le comte de Lahitte.

Jean-Baptiste, né en 1760, chevalier de Saint-Louis, avait épousé Élisabeth de Cugnac de Fondelin.

24. — M. le marquis de Cours Laballe.

François de Cours, seigneur de Laterrade, Monlezun et Laballe.

25. — M. de LISLE.

(Voir nᵒˢ 47 et 134.)

26. — M. le marquis de CASTÉRAS.

Raphaël-Orens-Frix, colonel d'infanterie, chevalier de Saint-Louis, émigra en Espagne, où il épousa, en 1811, Blanche-Paula de Villa-Carlos. Il était seigneur de Bétrécot, près Vic-Fezensac et de Gajan.

27. — M. de BUROSSE, seigneur de Lagraulet.

Jean-Antoine, capitaine au régiment de Bourbonnais, chevalier de Saint-Louis, seigneur de Lagraulet et seigneur engagiste de la ville de Dému le 2 juin 1766.

28. — M. de LASSERRE, seigneur de Castet-Maure.

Jean-Baptiste de Lasserre, de Lupiac, conseiller à la cour des Aides de Montauban, avait acquis le 3 octobre 1769 la seigneurie de Castelmore, de messire Gabriel de Batz, marquis de Castelmore ; il devint peu après seigneur engagiste de Lupiac.

29. — M. le comte de SÉRIGNAC, seigneur de Belmont.

Louis-Antoine, capitaine au régiment du Roi, fils de Dominique marquis de Sérignac, seigneur et baron de Belmont, Saint-Jean-Poutge, Ardens, Castéra. Il avait épousé Marie-Claude-Louise de la Châtre.

30. — M. le marquis de MEDRANO, seigneur de Belloc et de Mont[pardiac].

Jean-Marie, capitaine au régiment d'Aquitaine, chevalier de Saint-Louis.

31. — M. DUBARRY, seigneur de Saint-Jean.

Guillaume du Barry, seigneur de Saint-Jean-d'Anglès, près Riguepeu.

32. — M. de LAFARGUE.

Louis de Lafargue de Palado, officier d'infanterie, habitait Barran.

33. — M. le chevalier DAIGNAN.

Jean-Marie d'Aignan, lieutenant des maréchaux de France, dit le chevalier, mort en 1792. Il avait pour frère Joseph-François-Marc d'Aignan, mousquetaire, chevalier de Saint-Louis, qui émigra, entra dans les ordres et mourut curé de la cathédrale d'Auch, en 1817.

34. — M. de Guérard, seigneur de Meillan.

35. — M. de Gensac, seigneur de Lamothe.

Jean-François de Colomès, seigneur de Gensac-Savès et de Lamothe, près Seissan.

36. — M. de Saint-Gresse, seigneur de Mérens.

Jean-Bernard, né le 13 mai 1770, officier au régiment de Foix, chevalier de Saint-Louis, épousa, en 1809, Octavie-Pétronille de Gironde.

37. — M. de Laborde.

Dominique-Jean-Jacques-Estienne de Laborde, seigneur, baron de Laas, près Mirande, receveur général des bois et domaines de Navarre, Béarn et généralité d'Auch. Il avait acquis la terre de Laas le 30 juin 1763.

38. — M. de Morlan.

Guillaume de Morlan, fils d'autre Guillaume de Morlan et de Madeleine Chapelain, seigneur engagiste de la ville du Saint-Puy.

39. — M. le marquis de Pins, seigneur, baron de Biran et de Lavardens.

François de Pins-Aulagnères émigra et mourut à Lunebourg, électorat de Hanovre, le 17 septembre 1798.

40. — M. le comte de Laroque, seigneur dudit lieu.

Jacques, comte de La Roque-Ordan.

41. — M. de Menvielle.

Gérard-Vincent de Minvielle, seigneur de Losse et d'Arx.

42. — M. le baron de Batz, seigneur de Mirepoix.

Alexandre, capitaine au régiment de Conty, chevalier de Saint-Louis, lieutenant des maréchaux de France, mort en 1805.

43. — M. de Sarran, père.

44. — M. le vicomte de Preissac.

Amable-Charles, chevalier de Saint-Louis, maréchal de camp, seigneur de Lamothe-Gohas, émigra.

45. — M. le chevalier Daspe.

Pierre, chevalier d'Aspe, fils de Joseph d'Aspe, seigneur de Montestruc, comte d'Aspin, mort en 1795.

46. — M. de ROUILLAN, baron de Montaut.

Jean-Antoine, fut guillotiné à Paris le 7 thermidor an II.

47. — M. de LISLE-PAILHAN.

Bernard, seigneur de Pailhan, près Lussan, voir n° 134.

48. — M. de LOMAGNE, seigneur de Blanquefort.

Jean-Alexandre, ancien capitaine au régiment de Médoc, chevalier de Saint-Louis, seigneur du Bruca et Blanquefort.

49. — M. de MELLET, chevalier de Rejeaumont.

50. — M. DAIGNAN, seigneur du Sendat.

Louis d'Aignan habitait Vic-Fezensac.

51. — M. le marquis de PINS-MONBRUN.

François de Pins, marquis de Monbrun.

52. — M. de NOEL, seigneur d'Ausan

Gabriel-Barthélemy habitait Auch, et avait épousé en 1780 demoiselle Marie d'Auxion.

53. — M. de TEYRA, seigneur de Lamothe-Ando.

54. — M. le vicomte de CHÉLAN, seigneur Deiguemortes.

Jean Donziel de Roquepine, chevalier de Saint-Louis, lieutenant-colonel de dragons, seigneur de Chélan, Ayguesmortes, etc.

55. — M. de GARDÈRE.

Marc-Pierre-Isabeau, comte d'Antras, seigneur de Gardère, Saint-Julien et Cornac, baron de Ricourt, lieutenant dans le régiment d'infanterie de Vivarais ; mort à Paris, hôtel de Bourbon, le 19 juillet 1792, au moment de son départ pour l'émigration.

56. — M. DASTEIN, seigneur d'Estampes.

57. — M. de MAGNAN.

58. — M. de RESSÉGUIÉ.

Ambroise de Rességuier, seigneur de Juillac.

59. — M. du COUSSO.

60. — M. de MEDRANO-DUFOR.

Jean-Charles de Medrano, baron de Duffort, seigneur de Campistrous.

61. — M. le chevalier de Clermont.

Louis d'Auriac de Clermont (1).

62. — M. Tapie.

François de Tapie, conseiller au sénéchal d'Auch, annobli par
le capitoulat en 1766, coseigneur de Pavie.

63. — M. de Lamezan, seigneur de Pavie.

Bernardin de Manas de Lamezan, lieutenant-colonel, chevalier
de Saint-Louis, coseigneur de Pavie (château de Lavacan).
Son père, Paul-Florent de Manas de Lamezan, avait acquis
du duc de Rohan, comte d'Astarac, la coseigneurie de Pavie,
par acte du 19 janvier 1751.

64. — M. de Monlaur, seigneur du Saint-Jean.

Jacques d'Escoubès de Monlaur, lieutenant général criminel
en la sénéchaussée d'Auch, seigneur de Saint-Jean-le-Comtal
et d'Arbéchan.

65. — M. de Labarthe Colomes.

Joseph de Labarthe-Giscaro, seigneur du Colomé, près Auch.

66. — M. le vicomte d'Arcamont, ancien page du Roy.

Gabriel du Chic, vicomte d'Arcamont, marié à dame Marie-
Madeleine Comme La Cassaigne, de la ville d'Éauze.

67. — M. Dupon Carselade, seigneur d'Agein.

François de Carsalade du Pont, seigneur d'Aguin, Sainte-Foy,
Encorneilh et Cadeilhan, chevalier de Saint-Louis, capitaine
de grenadiers au régiment d'Aquitaine. Il avait épousé
Mlle Joséphe-Philiberte de Sérignac, fille du marquis de
Sérignac, seigneur de Belmont, et sœur du comte et du che-
valier de Sérignac, portés aux numéros 20 et 29 de cette liste.

68. — M. de Saint-Mézard.

Guillaume de Guiraudez, seigneur de Saint-Mézard, Aulin,
Montastruc, Sémézies, garde du corps du Roi, neveu de
l'abbé de Guiraudez de Saint-Mézard, archiprêtre de Lavardens, député du clergé d'Auch aux États généraux.

69. — M. de Taillan, seigneur de Marseillan.

Laurent de Tarrieux de Taillan, seigneur de Marseillan, près
Mirande, chevalier de Saint-Louis, ancien commandant de
bataillon au régiment de Bourbon.

---

(1) M. Batbie, mort sénateur du Gers, était, par sa mère, petit-fils du chevalier de
Clermont.

70. — M. le comte de LANOU, seigneur de Saint-Guiraud.

Charles-Marc-Antoine-Claude-Joseph, fils de Joseph-Claude-Jean de Vair de Lanoue, natif d'Abbeville, et de Marie de Sédirac, dame de Saint-Guiraud, qu'il avait épousée en 1746.

71. — M. de SARRAN fils ayné.

72. — M. DONZEILS, chevalier de Chelan.

(Voir nᵒ 54.)

73. — M. SANSOT DE BAUDÉAN.

François de Baron de Sansot, seigneur et baron de Sarragalloles, Sadeillan, Sansot, Mazeret, Baudéan et Lagrangette, chevalier de Saint-Louis, capitaine au régiment de Vivarais. La seigneurie de Baudéan, commune de Bèrat (Haute-Garonne), lui avait été léguée, en 1781, par son parent Joseph de Sansot de Baudéan, dernier de sa branche.

74. — M. de la VIC, seigneur de Sabaros.

M. de La Vie descendait de ces La Vie de Guyenne, qui se sont rendus si célèbres au Parlement de Bordeaux.

75. — M. le baron de GACHEDAT.

Joseph de Baron, seigneur baron de Gachedat et Basordan en Magnoac.

76. — M. le marquis de TERMES LARBOUST.

François de Péguillan, chevalier, marquis de Termes-Magnoac, baron de Betbèze, Casterès, Montaner, Nizan, etc., vicomte de Larboust.

77. — M. le chevalier DUHAGET, chevalier de Malthe.

Bernard-Louis du Haget de Vernon, fils de Jean, seigneur, baron du Haget, Libaros, etc., baron de Péguillan, lieutenant des maréchaux de France, et de Françoise de Sérignac-Belmont, dame de Ponsan.

78. — M. DAUXION DE BARCOIGNAN.

Jean d'Auxion, seigneur de Barcugnan, baron du Gouden, époux de Claire-Thérèse de Larroux de Ruffé, mort centenaire en janvier 1836; il était né le 17 mars 1736.

79. — M. de VIC, seigneur de Bazillac.

Raymond-Charles, seigneur de Bachas en Comminges et de Bazillac près Auch, terre qu'il avait eue par son mariage avec Jeanne-Hélène de Chavailles, dame de Bazillac.

80. — M. de Saint-Germié, seigneur dudit lieu.

Charles-Pie-Emmanuel Dumas, seigneur de Saint-Germier, Thoux, Ayguebère, grand-maître des eaux et forêts de Languedoc.

81. — M. de Fourquet, chevalier de Lastort.

Simon de Fourquet, seigneur de Lustar.

82. — M. le comte de Tenet, seigneur de Notens.

Eusèbe, comte de Tenet de Laubadère, seigneur de Noulens, avait épousé Jacquette-Victoire de Castelbajac. Ils émigrèrent en Espagne. La comtesse de Tenet mourut le 6 octobre 1800, à Valladolid, où elle fut enterrée dans l'église de N.-D. de la Antigua. Il avait pour frères les deux généraux de division de Tenet de Laubadère.

83. — M. de Mareins, seigneur de Mongaillar.

François de Marrenx, baron de Montgaillard.

84. — M. le comte de Vendomois.

Henri, comte de Vandomois, chevalier de Saint-Louis, lieutenant au régiment du Roi, seigneur de Castagnet, Cuélas, Mont-de-Marrast, époux de Marie-Georgette d'Antras de Gardères, émigra en 1793, se rendit à l'armée de Condé et fut pris et fusillé à Bar-le-Duc.

85. — M. de Belesta, seigneur de Baune.

Marc-Damase de Baron, sieur de Belesta, époux de demoiselle Marie-Gabrielle de Cotis, dame de Baunes, en Labéjan.

86. — M. le chevalier de Bellegarde.

Jean-Jacques-Thérèse de Lafforgue, seigneur de Bellegarde, émigra, fut retraité lieutenant-colonel, chevalier de Saint-Louis, mourut à Bellegarde, près Masseube, le 7 février 1822.

87. — M. de Grisonis.

Jean-Vital, seigneur de Rozès, qu'il avait acquis, le 27 juin 1766, de Joseph de Gélas, père du comte de Gélas, rapporté au nº 18, et seigneur engagiste de la ville de Lannepax, du 15 novembre 1766.

88. — M. Solirène.

Louis, conseiller au sénéchal, seigneur d'Esvivès.

89. — M. le marquis de Pins-Cezan.

Pierre-Hérard, émigra en Espagne et mourut à Tafalla, près Pampelune, âgé de 83 ans, le 28 octobre 1800.

90. — M. le vicomte de Casteras.

François de Castéras-Seignan, mestre de camp, chevalier de Saint-Louis, frère du marquis et du chevalier, rapportés aux nᵒˢ 26 et 157.

91. — M. le baron de Montigny, seigneur de Lanapax.

Joseph Le Doux de Montigny, né à Saint-Amand, près Eauze, le 25 janvier 1753, fils d'Antoine Le Doux, baron de Montigny, seigneur de Saint-Amand, et d'Anne de Montesquiou, émigra.

92. — M. de Sarran fils cadet.

93. — M. le chevalier de Ferraboug.

François de Ferrabouc (voir nᵒ 102).

94. — M. de Tapie fils.

(Voir nᵒ 62.)

95. — M. de Gauran.

Joseph-Charles, né à Auch, le 11 août 1757, fils de Dominique-Jean-Jacques de Gauran, trésorier de France, et de Catherine de Brochain de La Hitte, seigneur de Lartigole, près Pessan, émigra.

96. — M. Donzeil de Flurance.

Jean, époux de Pétronille de Boubée de Gramont, mort à Fleurance en 1791.

97 — M. de Miramont-Puymarson.

Pierre-Jean-Auguste, capitaine au régiment de Chartres, seigneur de Puymarson, près Aubiet, et de Poussignan, émigra, puis rentra et se retira à Nîmes où il mourut le 23 messidor an X.

98 — M. le chevalier de Ferré.

Dominique de Ferré, seigneur de La Bergalasse près Aurensan, chevalier de Saint-Louis, émigra.

99. — M. de Laguiterie de Boria.

Odet-François Jouvier de Boria, chevalier de Laguiterie, ancien capitaine, lieutenant de maître de camp du régiment Vivienne cavalerie.

100. — M. Dupoy de Lamothe.

> Jean-Joseph de Pouy-Ferrier, seigneur de Sameyran et Lamothe-Pouy, avait épousé Apollonie de Léaumont de Garriès (1).

101. — M. de Lacoste de Barjeau.

> Dominique de Lascostes, seigneur de Barjeau, près Mauvezin.

102. — M. de Ferraboug.

> Joseph-Mathieu de Ferrabouc, coseigneur d'Ardenne.

103. — M. de Perès.

> Pierre, chevalier de Saint-Louis, lieutenant-colonel d'infanterie au régiment de Médoc, habitait Gimont.

104. — M. de Saint-Aubin Laviolete.

> Joseph de Laviolette, seigneur de Saint-Aubin et de Roquebrune.

105. — M. de Martres.

106. — M. de Landrey.

107. — M. de Miramont.

> (Voir le n° 97.)

108. — M. de Chabanes-Curton.

> Jean-Louis, habitant de Lafitte-Troncens. Il était de la maison des seigneurs de la Palisse.

109. — M. de Labarthe-Colomat.

110. — M. de Lafourcade.

111. — M. le chevalier de Boria.

> Michel de Boria, chevalier, sieur de Laguiterie, habitait Saint-Caprais.

112. — M. de Labarthe, de Mirande.

> Antoine de Labarthe, baron de La Mazères, comte de Termes, en Armagnac, chevalier de Saint-Louis.

---

(1) Cette branche de la maison de Pouy portait le surnom de Ferrier depuis la fin du XVIᵉ siècle, en vertu du testament de Renaud de Ferrier, seigneur de Sameyran. Ses représentants sont M. Léopold de Pouy, de Fleurance, et M. l'abbé de Pouy, directeur au Petit Séminaire d'Auch.

113. — M. le baron de Lamothe Disoch, lieutenant des gardes du corps.

> Jean-François-Joseph de La Mothe d'Isault, chevalier de Saint-Louis, maître de camp de cavalerie, hérita en 1801 de la terre de Marambat, du chef de sa cousine germaine Charlotte de la Mothe d'Izault, fille du baron de Marambat, rappelé au n° 21.

114. — M. le vicomte Dubouzet-Corné.

> François du Bouzet de Corné, major de chasseurs à cheval du régiment des Cévennes, chevalier de Saint-Louis, émigra et rejoignit l'armée de Condé; frère du marquis de Corné, rappelé au n° 4.

115. — M. de Roger de Seris.

> Jacques avait épousé Jeanne-Joséphine de Fabars.

116. — M. le chevalier de Saint-Gresse.

> Joseph-Gaspard, fils cadet de Jean de Saint-Gresse, seigneur de Mérens et d'Ardenne, et de Marie-Ursule de Seissan de Marignan; il émigra avec le seigneur de Mérens, son frère aîné, repris au n° 36.

117. — M. de Sarriac de Barran.

> Joseph de Sarriac, seigneur de Labarthe et de La Castagnère.

118. — M. le vicomte de Mauléon.

> Joseph, maréchal de camp, chevalier de Saint-Louis, époux de Jeanne-Marie-Françoise de Latour-Noaillan.

119. — M. le chevalier de Mauléon.

120. — M. le chevalier d'Orsival de Peyrelongue.

> Louis, chevalier de Saint-Louis.

121. — M. de Romecour l'ayné.

> Jean-Baptiste de Robert de Monteil de Romecourt, chevalier de Saint-Louis, ancien garde du corps, habitant de Nougaroulet.

122. — M. de Romecour cadet.

123. — M. de Fournie.

124. — M. de Lerme de Larsene.

> Thomas, maréchal des logis des gardes du corps du Roi dans la compagnie Ecossaise. Émigra, puis rentra en France, devint lieutenant-colonel de cavalerie, chevalier de Saint-Louis, et mourut à Auch, le 11 février 1825, âgé de 71 ans.

125. — M. le vicomte de Noaillan, seigneur Dissoudun.

Joseph-Pierre de Noaillan, comte de Lamezan, seigneur de Villeneuve en Condomois et d'Isandon près Barran, terre qu'il avait acquise en 1786, chevalier de Saint-Louis.

126. — M. de Latour.

Marc-Antoine de Latour de Robert, seigneur de Bédéchan.

127. — M. le chevalier de Saint-Mézard.

François-Joseph de Guiraudez de Saint-Mézard, garde du corps, chevalier de Saint-Louis, émigra. Il avait pour frère Pierre-Marguerite de Guiraudez de Saint-Mézard, archiprêtre de Lavardens, député du clergé d'Auch aux États généraux de 1789.

128. — M. Dubarry de Rouede.

Mathieu du Barry de Rouède, de Vic-Fezensac.

129. — M. le marquis Debatz fils.

Gaspard-François, époux de Julie de Montégut, fils du baron de Batz, rapporté au n° 42.

130. — M. le chevalier de Soupetz.

Philippe-Auguste de La Claverie de Soupets.

131. — M. de Menvielle cadet.

132. — M. Daignan cadet.

Louis d'Aignan, dit le cadet, frère du chevalier, capitaine d'infanterie, avait épousé, en 1782, demoiselle Marguerite de Batz, de Mirepoix.

133. — M. Dupoy, lieutenant des gardes du corps.

Marie-Joseph-Hyacinthe de Pouy, né en 1742, fils de Jean de Pouy, seigneur de Gavarret, et de Louise du Barry ; émigra, rentra en France, devint maréchal de camp, chevalier de Saint-Louis.

134. — M. de Lisle de Laverdale.

Jean-Baptiste, descendait d'Antoine de Lisle, sieur de la Boutiguère, près Auch, gentilhomme de la chambre du Roi et son lieutenant au fort de Vincennes, qui acquit des consuls d'Aubiet la terre noble de La Verdalle, en 1648.

135. — M. de CASAUX.

Louis-Dominique de Marquès de Cazaux, seigneur de Lasseube.

136. — M. dé JUSSAN.

Jean-Jacques, seigneur de Pépieux.

137. — M. de VISSIGNEC.

De Vassignac d'Imécourt (?), voir n° 3.

138. — M. de LERME père.

François Delherm de Larcenne, écuyer, habitant de Saint-Sauvy.

139. — M. de CHAMBEAU.

Pierre Dareix, sieur de Chambeau, capitaine au régiment Dauphin-infanterie, de Vic-Fezensac. Il fut condamné par la commission extraordinaire et exécuté le 26 germinal an II.

140. — M. de LARRERE SAINT-ANDRÉ.

Jean-Baptiste, ancien capitaine de cavalerie et garde du corps du Roi, seigneur de Saint-André, près Gondrin.

141. — M. DUCROS DE SAINT-GERMAIN.

142. — M. de SARRIEU DE SAILLAN.

143. — M. le chevalier de LUPPÉ.

Louis de Luppé-Besmaux, cadet-gentilhomme au régiment de Foix, aide-de-camp du prince de Nassau, né à Auch en 1760.

144. — M. GRENIER DE CASTAIGNET.

Jacques Granier de Castagnet, *alias* de Cassagnac, de Caillan.

145. — M. DUPOÉ DU PRADET.

146. — M. de SAUVEGE.

147. — M. DEVIENNE fils.

Claude-Antoine de Vienne, colonel d'état-major.

148. — M. de MORLAN fils.

149. — M. de BELLOC.

Messire François-Roch Mothe de Belloc, chevalier, avocat du Roi au bureau des finances d'Auch.

150. — M. Devienne père.

Jean-Paul de Vienne, président du bureau des finances d'Auch.

151. — M. de Tauzia de Labastide.

Arnaud-Guillem de Tauzia, seigneur de Labastide dans la juridiction de Beaumarchez.

152. — M. de Tauzia fils.

Arnaud-Guillem.

153. — M. Ducousso de Menas.

Gérard Ducousso de Maignet, de Lauraët, marié en 1770 à Marie de Fontelieu de Jaulin.

154. — M. de Gimat de Pouylarmont.

Joseph. Il avait épousé Jeanne-Anne du Chic-d'Arcamont, et habitait Vic-Fezensac.

155. — M. de Thezan de Lescout.

Antoine-François, conseiller à la cour des Aides de Montauban ; avait épousé, en 1760, Françoise-Marie d'Aux de Lescout.

156. — M. de Laroche Facherie.

Jean-Baptiste-Marie de La Roche-Fousserie, de Barran, d'une branche cadette des La Roche-Fontenilles.

157. — M. le chevalier de Casteras.

Jean-Bertrand de Casteras de Seignan, frère du marquis rappelé au n° 26.

158. — M. de Mariol.

Antoine-Marie de Mariol, chevalier de Saint-Louis, gouverneur de la ville de Mirande, seigneur de Beaulieu.

159. — M. Dupuy-Darnessan ayné.

Jean-Gilles Dupuy-d'Ornézan, de Puycasquier.

160. — M. Dupuy-Darnessan cadet.

161. — M. de Carely, seigneur de Vignaux.

Louis-Annibal-Jean-Etienne de Carrery de Labége, ancien lieutenant de dragons, page de Madame la Dauphine, avait acquis la seigneurie de Vignaux, en juin 1764.

161 présents dont partie etoient porteurs de
87 procurations de differents gentilshommes.

248 qui ont donné la voix à l'élection du députe qui a ete
faite le 31 mars 1789.

M. le baron de Luppé Taibosc a ete eleu au second scru-
tin, il a eu . . . . 127 voix.
M. le comte de Fezensac. 74
M. le vicomte de Luppé 22
Le marquis de Medrano Bollat, M. le comte
de Gelas et autres ont eu les autres voix ; entre
eux 25

Au dos de cette pièce se trouve la mention suivante :

Du 20 au 31 mars 1789.

Noms de MM. les gentilshommes ou nobles, ayant la noblesse transmis-
sible, qui ont été présents à l'assemblée des Etats tenue et commencée à
Auch le 20 mars 1789 et finie le 31 dudit mois ; après avoir eleu M. le
baron de Luppé Taibosc depute aux États généraux qui, au second scru-
tin, a eu . . . . 127 voix.
Le comte de Fezensac n'a eu que. 74
M. le vicomte de Luppé . . . . , . 22
M. le marquis de Medrano, M. le comte de Gelas et autres
ont eu entre eux les autres voix de 25
Ce qui fait. . . . . . . 248 voix.
Scavoir des présents. . . . . 161 voix.
Et pour ceux de qui ils etoint porteurs de procurations
pour les autres gentilshommes ou nobles. 87

Émile DELLAS,
Receveur des Domaines.

Auch, le 10 janvier 1894.

* 9 7 8 2 0 1 3 4 0 4 3 8 9 *